JUEGUERO

textos de Valentín Rincón
y Cuca Serratos

ilustraciones de Alejandro Magallanes

NOS
TRA
EDICIONES

ÍNDICE

63

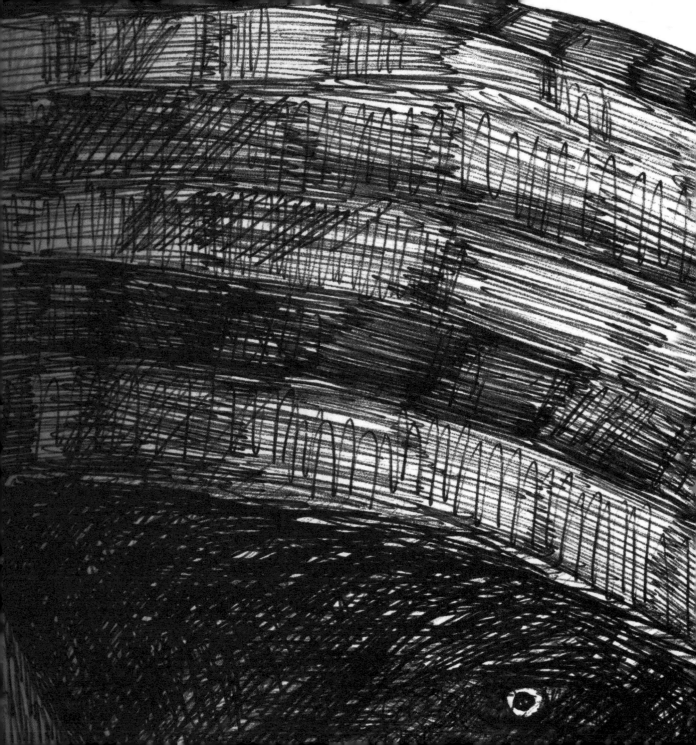

Introducción

El ser humano es lúdico.
El juego es parte de su naturaleza y elemento vital de su actividad.

Cuando hablamos de *juegos* o *jugar*, pensamos en niños; pero tanto ellos como los adultos jugamos. Mientras los niños juegan a *las escondidillas*, a *la comidita* o a *las muñecas*, los adultos lo hacemos al ajedrez o al póquer, o practicamos algún deporte, y no es raro ver a un señor entusiasmado tratando de romper una piñata.

¿Hasta qué grado los inventores, descubridores y creadores artísticos juegan cuando crean?

Nuestra personalidad adulta abriga un aspecto infantil, y ese matiz *juguetón* nos impulsa a arriesgarnos. En cierta forma, el juego conlleva riesgo y, a su vez, el riesgo implica juego. Si el ser humano no se aventurara, no existiría el progreso. El componente lúdico estimula a los científicos para experimentar con nuevos elementos, recorrer caminos desconocidos y alcanzar, así, importantes descubrimientos. Los creadores de arte, literatos, músicos, pintores..., en la búsqueda de su expresión, también experimentan.

El jugar no es exclusivo de la persona: otros seres también lo practican. Desde que son pequeños, los gatos pueden jugar con una pelotita o con una bola de estambre, como si se entrenaran para la futura caza del ratón. Los cachorros de los grandes felinos –leones, tigres...–, desarrollan una suerte de adiestramiento muscular cuando juegan con sus hermanos y, de esta forma, se preparan para su actividad adulta.

Así como los cachorros juegan para entrenarse, los niños juegan a desempeñar el papel de adulto. Afirman, por ejemplo: "que yo era la mamá y tú la hija"; "vamos a jugar a *la comidita* y le damos de comer a las muñecas"; "vamos a jugar al doctor", etcétera.

El juego es vital para el ser humano, pero principalmente para los niños. Ellos necesitan de esos ensayos para su vida adulta y, además, necesitan canalizar un cúmulo de energía mediante el desarrollo de diversas actividades. Estas necesidades dan origen, de manera natural, a los juegos.

Hoy, desafortunadamente, proliferan aquéllos que, comparados con *los de antes*, exigen menor actividad física (ejemplo típico son los videojuegos). También debemos considerar que los niños de las grandes ciudades han perdido terreno –en el sentido literal de la expresión–; es decir, cuentan con menos espacios donde jugar: existen más calles pavimentadas y las familias viven en pequeños departamentos donde sería imposible jugar, por ejemplo, al *bote*

pateado o a las *coleadas*. Muchos niños y jóvenes se pasan horas ante la televisión o la computadora, haciendo uso del internet. Estas condiciones dan como resultado el que los juegos que implican mayor actividad física pierdan vigencia y se practiquen menos.

Actualmente, los niños expresan que los juegos tradicionales están *pasados de moda.* Pensamos que es conveniente no dar tanta importancia a esta opinión, generalmente impuesta por los comerciantes para su beneficio.

Los violentos programas que los niños observan en la televisión los inducen a admirar a ciertos personajes con nombres extranjeros y a divertirse con juegos que reproducen esa violencia y, por el afán de ir con la moda, toman partido por estos juegos, mismos que se van imponiendo sobre otros populares.

Es menester equilibrar la balanza fomentando los juegos tradicionales al aire libre; preservar aquéllos que jugábamos de niños –o que acostumbraban nuestros padres y abuelos–, no sólo por razones románticas y de nostalgia –todas ellas muy válidas–, sino también para brindar a los niños y jóvenes armas para su sano desarrollo integral.

Si actualmente ellos tienen menos oportunidades para jugar, busquemos que, por lo menos al presentárseles la ocasión de hacerlo, sepan aprovecharla de manera favorable. Ése es uno de los objetivos de este trabajo.

13

El juego al aire libre, por ejemplo, es un efectivo catalizador de la buena salud, física y mental.

Asimismo, como ya señalábamos, es completamente cierto que los juegos preparan a los niños para una vida adulta más plena y feliz, en comunidad con otras personas. Aún más: estamos convencidos de que el adulto que de niño no

jugó con muchos otros niños tiene menos armas para enfrentar ciertas vicisitudes de la vida y para relacionarse de manera sana y eficaz con sus semejantes.

El juego brinda al niño oportunidades valiosas de aprender. Cada juego, desde el más sencillo hasta el más complejo, implica un conjunto de reglas. Al seguirlas, los niños aprenden a obedecer leyes y a exigir el respeto a las mismas. Existen juegos en los que es menester fijar de antemano algunos acuerdos; así, los niños ensayan para celebrar apropiadamente futuros convenios en su vida adulta.

Por medio del juego, ellos se conocen más entre sí y fortalecen lazos de amistad; aprenden a ser solidarios; se educan también para aceptar el triunfo del *contrario*; a saber perder, esto es, a no sentirse humillados con la derrota y sobreponerse a ella; a arriesgarse por *salvar* a un compañero; a dirimir conflictos y diferencias de criterio; a ceder cuando surge una disputa; a sacrificar el gusto propio para no menoscabar la alegría general. En fin, a relacionarse adecuada y armónicamente en sociedad.

Los juegos simulan la lucha, el esfuerzo y el entusiasmo diario por la vida.

El presente libro trata sólo de juegos para los cuales no se requieren instrumentos especiales o que, en su defecto, sólo necesitan algunos objetos sencillos y accesibles; juegos en donde todos pueden participar de manera inmediata y fácil, en el

momento en que ellos lo decidan. Hemos dejado para un segundo tomo los juegos que precisan de instrumentos o, más propiamente, juguetes, tales como aros, trompos, canicas, etcétera.

Las maneras de jugarlos, descritas aquí, no son rígidas. Presentamos reglas generales que pueden variar según el criterio de los lectores y adaptarse a determinadas circunstancias.

Hagamos, pues, una enumeración y descripción de estos juegos y aportemos una pizquita de historia, y unas cuantas opciones para que los niños jueguen en patios, campos u otras áreas libres; y que los adultos enseñen juegos a los niños y establezcan con ellos una afectuosa y creativa comunicación.

JUEGOS
SIN
INSTRUMENTOS

Juegos para elegir turno

En más de un juego, se tendrá la necesidad de elegir por sorteo a alguien que empiece; o bien, determinar el turno en que probará suerte cada jugador. Existen varias maneras de hacerlo:

1. Desde un punto convenido, cada uno lanza una pequeña piedra o una moneda hacia una raya o meta. La colocación en que queden los objetos con respecto a la raya (mayor o menor cercanía) será la que designe el orden de los jugadores.

2. Un jugador rodea con su mano varias pajitas, palitos o tiras de papel desiguales, cuidando que lo que aparezca ante todos tenga el mismo largo y ocultando los extremos desiguales a los demás. Cada jugador escogerá una y los tamaños de ellas designarán el orden correspondiente.

3. Se escribe una serie de números en tiras de papel y cada cual ocupará el lugar que designe el número que haya sacado, etcétera.
Si se trata de señalar a quién empezará el juego y su cargo se considera como castigo, se elegirá al último de las series descritas.

para escoger a uno

Para elegir a uno solo para un cargo, existe una forma bastante común de hacerlo: recitar rítmicamente un versillo al tiempo que se señala, sucesivamente, a cada uno de los participantes. A quien le toque el último señalamiento será el elegido. Los versos para elegir son muy variados, pero todos están llenos de colorido y sonoridad. Por ejemplo:

Pajarito amarillito,
colorcito de limón:
¿cómo quieres
que te quiera
si me duele el corazón?

Pase usted
señor don Gato
a tomar su chocolate,
que la vieja que lo bate
tiene cara de tomate.

O bien:
Pinuna, pindós,
pintrés, pincuatro,
pincinco, pinséis,
pinsiete,
¡Pinocho!

(El escogido es a quien le toque *Pinocho*.)

para formar bandos

A veces es necesario establecer dos bandos que han de competir en algún juego. Para crearlos, conviene que las fuerzas queden, en lo posible, equilibradas. Un medio práctico para conseguirlo es el siguiente: se elige por consenso a dos de los más fuertes o a los dos mayores y después cada uno de ellos, alternativamente, va escogiendo a uno por uno de entre los demás, a quienes han de integrar su equipo.

Si lo consideran necesario, para facilitar el que cada jugador identifique a sus compañeros de equipo durante el juego, conviene que los de un bando se coloquen un pañuelo, paliacate o algo similar, en la cintura o la mano, que los diferencie del bando contrario.

Piedra, papel, tijera

Este juego es muy sencillo y se realiza entre dos niños: uno contra el otro. Es un juego, hasta cierto punto, de azar. Recitan: "¡Piedra, papel o tijera!", al unísono y llevando el ritmo con la mano, con el dedo índice estirado, como dirigiendo la orquesta. Al terminar la frase, cada competidor hace un signo con la mano que puede representar a la piedra (cerrará el puño); al papel (mostrará su mano abierta); o a la tijera (doblará los dedos meñique, anular y pulgar, y con el índice y el medio estirados, formará una tijera).

Al pronunciar: "¡Piedra, papel o tijera!" cada niño elegirá su signo con la mano y se determinará quién le gana a quién; en el entendido de que la tijera triunfa sobre el papel, porque lo corta; el papel vence a la piedra, pues la cubre; y la piedra le gana a la tijera ya que, de una pedrada, puede desarmarla.

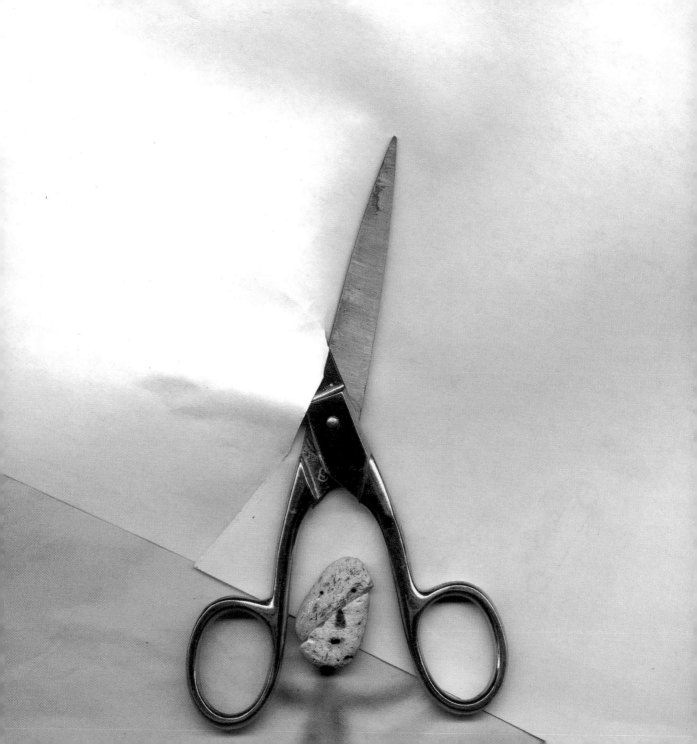

rondas

En el tema de los juegos, un capítulo importante es el de las *rondas*. En todo el mundo, los niños matizan algunos de sus juegos con cantos de bella música y texto ingenioso; lo hacen muchas veces tomados de la mano y girando rítmicamente, o formando filas que avanzan y retroceden. Es tan rica y variada la gama de estas rondas y tan abundante su producción que para profundizar en ellas y estudiarlas, podríamos escribir varios libros. De esta editorial, podemos mencionar *Kíkiri kí, cómo cantan y juegan los niños aquí*, que es una colección de rondas de los diferentes estados de la república mexicana.

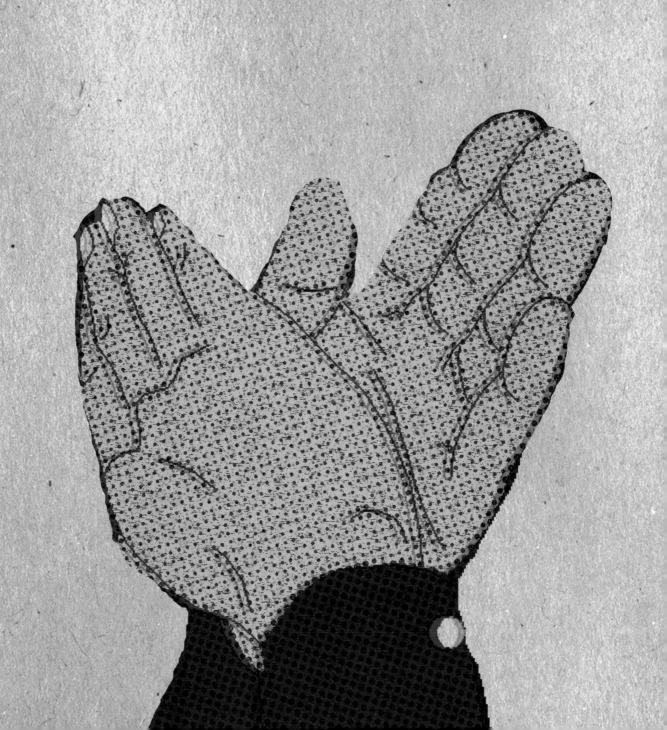

Palmadas

Este juego puede considerarse también un ejercicio y realizarse al compás de música alegre y rítmica, aunque esto último no es indispensable.

Se colocan unos niños frente a otros en dos filas, es decir, que a cada niño le corresponda un compañero enfrente (*primera serie*):

$1 \leftrightarrow 1$
$2 \leftrightarrow 2$
$3 \leftrightarrow 3$
$4 \leftrightarrow 4$
$5 \leftrightarrow 5$
$6 \leftrightarrow 6$

Se palmea en este orden: 1°, cada cual con las dos manos; 2°, la derecha con la del que está enfrente; 3°, otra solos; 4°, izquierda con izquierda; 5°, otra solos; 6°, las dos manos de frente con las del otro; 7°, otra solos; 8°, las dos manos con las del otro, pero cruzadas, esto es, derecha con derecha, e izquierda con izquierda, éstas por abajo. De manera similar, pueden lograrse muchas combinaciones.

29

Al terminar esta serie, toman otra posición (*segunda serie*), por ejemplo: el 1° de cada fila con el 2° de ella; el 3° con el 4°; etcétera, procurando girar a tiempo sin perder el compás, y repiten las palmadas de la manera explicada. Regresan, después, a la primera posición.

Cuando los niños están ya diestros en las combinaciones explicadas, pueden combinarse las dos posiciones entre sí, dando, por ejemplo, una palmada solos y otra cualquiera con el de enfrente en la primera posición, otras dos en la segunda, etcétera. Este modo de jugar requiere mucho ejercicio y resulta de muy buen efecto.

las traes

Antes, este juego se llamaba *la roña* en el entendido de que *roña* significa "la sarna del ganado", terrible enfermedad de la piel. Actualmente, los niños le dan el nombre de *las traes* o la curiosa deformación de éste: *las trais.*

La roña es una enfermedad muy contagiosa, de tal manera que los niños jugaban a que el niño que tenía la enfermedad, al tocar a otro, lo contagiaba –le *pegaba* la roña–, mientras le decía: "Ya la traes".

Quien tocaba al otro se *salvaba* milagrosamente de la roña, pero quien era tocado se volvía portador de este mal: ya *traía* la roña y corría a tocar a otro, para contagiarlo y, a la vez, salvarse.

Realmente con esta explicación queda descrito el juego.

Las traes es similar al juego de *quemados*, en su versión sencilla. En el caso de los quemados, como se verá, en vez de simplemente tocar, se asesta un pelotazo.

Roña china

Para realizar este juego es necesario que participen cuatro niños, como mínimo. Pero mientras mayor sea el número de participantes, será más divertido.

Como en el juego anterior, un niño es quien *trae* la roña y tiene que pegársela a los demás. Los jugadores correrán cuando vean que se les acerca el niño *roñoso* y cuando alguno sienta que casi lo alcanza, puede ponerse en cuclillas y, de esta manera, salvarse; pero no pueden permanecer mucho tiempo en esa posición, so pena de perder y adquirir la roña. Si quien trae la roña toca a un jugador, se la transmitirá: en ese momento, el niño tocado la trae y debe pegársela a algún otro.

encantados

Puede jugarse entre pocos niños, pero más divertido será mientras mayor sea el número de participantes.

Se escoge, a través de un sorteo, al niño que será el *encantador*. Los demás, se volverán *encantados* si el niño encantador los toca, y en ese momento, deberán inmovilizarse en el lugar en que fueron *encantados*. El encantador tratará de dejar inmóviles a todos los participantes, quienes huirán para no ser encantados. Si alguno se cansa de tanto correr, puede refugiarse en la *base* (lugar de salvaguarda), la cual se especifica antes de empezar el juego. El tiempo de permanecer en la base debe ser corto; de lo contrario, el encantador da tres palmadas espaciadas y, si el que tardó en la base no sale al campo, se le considera encantado y el encantador lo coloca en el sitio que quiera.

Quien logre encantar a todos los participantes deja de ser encantador y, en ese momento, el primer niño que fue encantado será el encantador, y así sucesivamente.

encantados por equipos

Puede también, al inicio del juego, elegirse a varios encantadores, de manera que se forman dos equipos: el de los encantadores y el de quienes pueden ser encantados. Los encantadores deben ser menos que los del otro equipo.

En esta variante, conviene establecer que cuando alguien fue encantado, otro de su equipo lo puede *desencantar*, pasando una pierna por encima de él. Para poder realizarlo, es conveniente adoptar la regla de que cuando alguien sea encantado, debe permanecer sentado en su sitio. También se puede desencantar pasando por debajo de sus piernas abiertas.

Cuando los encantadores logran encantar a todos los del grupo adversario, termina el juego y pueden organizarse nuevos equipos.

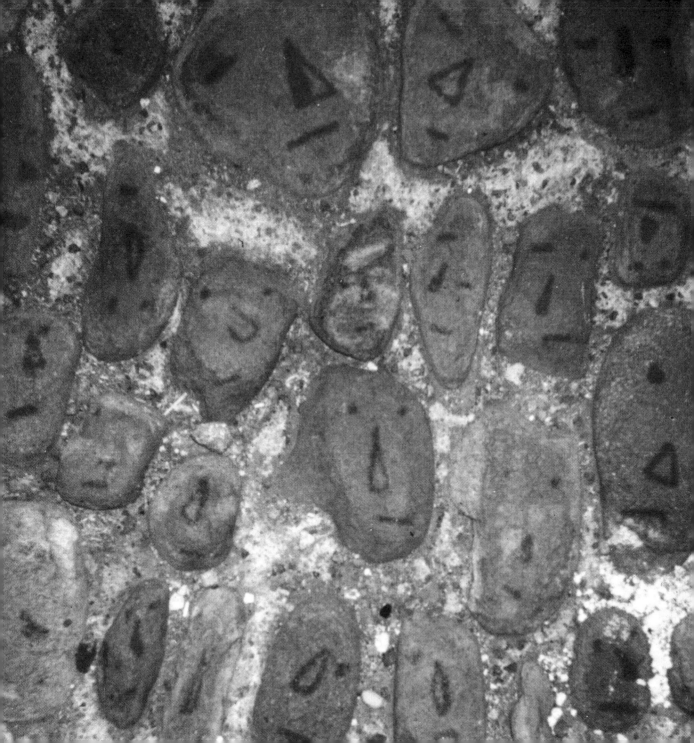

avión

Si el piso es de cemento o similar, se dibuja un *avión* con un gis; si el piso es de tierra, la figura se delineará simplemente rayando con una varita. El dibujo del avión se logra de la siguiente manera (veáse la figura): se traza un círculo grande que representa la cabina del avión; después, pegado al círculo, un cuadrado; por debajo de éste, dos rectángulos, que serán las alas del avión. A continuación, y también en hilera para abajo, se traza otro cuadrado cuyo lado superior coincida con el centro de los dos rectángulos; después se vuelven a pintar dos rectángulos, debajo del cuadrado, como segundas alas del avión, y por último tres cuadrados en fila hacia abajo.

Una vez dibujado el avión, se numeran sus compartimientos. La numeración se traza en sentido inverso a como se describió el dibujo y quedará así: 1, 2, 3, serán los tres cuadrados

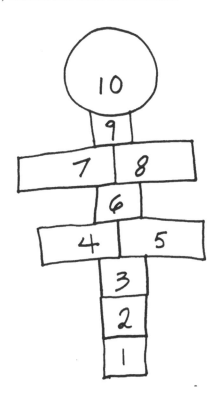

39

mencionados al último; 4 y 5 los dos rectángulos unidos por una raya, que forman las alas; 6 el cuadrado que sigue, 7 y 8 las otras alas; 9 el cuadrado que sigue y, por último, el 10 corresponderá al círculo.

Cada jugador usará una *ficha* o *teja* (llavero, pasadores, cadenita, pedazo de papel periódico mojado o cualquier otro objeto con peso que se escoja). En términos muy generales, podemos decir que el juego se trata de hacer avanzar la teja del 1 hasta el 10, recogerla y salirse del avión, con las reglas que describiremos enseguida. El primero que llegue con su teja al 10 (cabina del avión), la recoja y regrese, será el triunfador. El extremo del avión, a la altura del 1, se considerará la meta, desde donde principian los saltos y desde donde se hacen los tiros de las tejas. Las demás reglas se explicarán con un **ejemplo:**

Supongamos que después de realizado el sorteo, Roberto empieza el juego. Él, desde la meta, tira su teja de manera que ésta quede en el compartimiento 1.

Una vez que su teja quedó en el compartimiento 1, Roberto recorrerá el avión, hasta la cabina y de regreso. Al retornar, recogerá su teja y saldrá del avión. Brincará así: 2 y 3 de *cojito* (con una pierna); 4 y 5 (alas) pisará simultáneamente abriendo las piernas; 6 de cojito; 7 y 8 (alas); pisará 9 de cojito y al 10 caerá con los dos pies después de haber dado media vuelta en el aire, de manera que quedará viendo hacia la cola del avión. Hará el retorno brincando con las mismas reglas indicadas.

En términos generales, al brincar deben omitirse los compartimientos ocupados por una o más tejas, de tal manera que, en nuestro ejemplo, Roberto, al hacer su recorrido de ida, deberá salvar el compartimiento 1. Al regreso, Roberto recogerá su teja desde el 2, estando en un solo pie (de *cojito*), y brincará hasta pasar la meta. Enseguida Roberto –que ha efectuado el recorrido como se describió y sin pisar las rayas– tira nuevamente. Ahora le toca aventar su teja desde la meta hasta el compartimiento 2. Si su teja quedó adecuadamente ocupando dicho lugar, Roberto recorrerá, brincando sucesivamente, del 1 al 10 sin tocar el 2, porque ahí está su teja. De regreso, la recogerá desde el 3; brincará al 1 y saldrá de *cojito*.

Entonces le tocará tirar hacia el 3 y así sucesivamente irá avanzando. Si al tirar su teja no queda dentro del compartimiento que le corresponde, o si queda cubriendo una raya o tocándola, Roberto perderá su turno y su teja quedará en el lugar hasta el cual había llegado sin perder. Asimismo, si al brincar pisa raya, toca fuera del avión o viola cualquier regla de las señaladas, pierde y le toca tirar al siguiente jugador en turno.

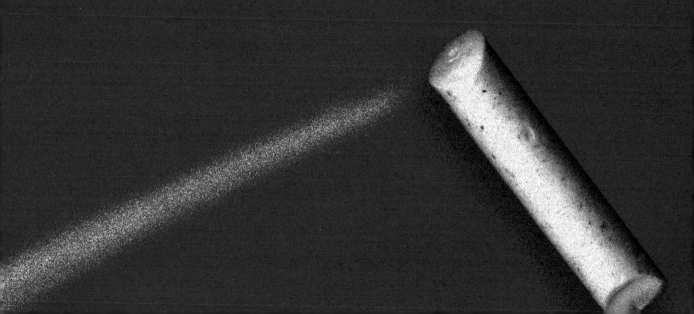

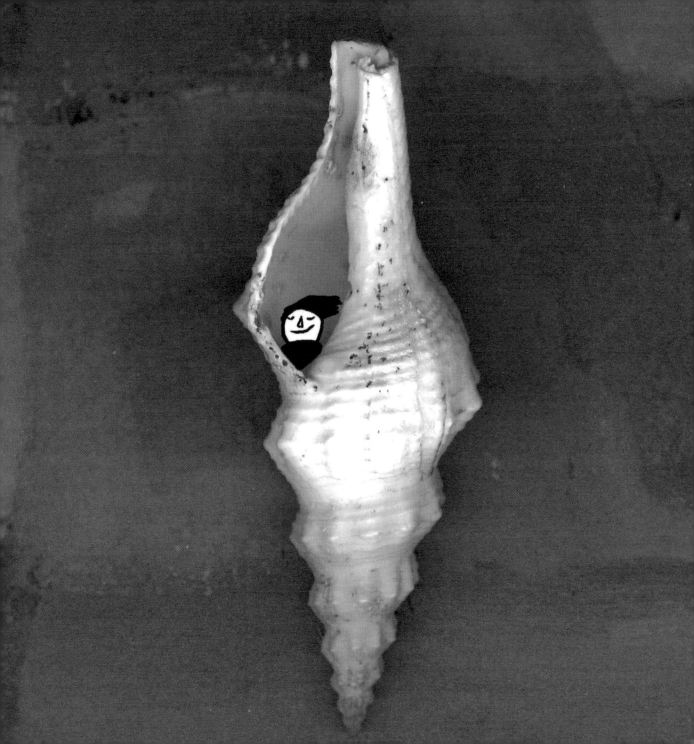

caracol

Este juego tiene cierta similitud al del avión. En este caso, se pinta en el suelo una franja en forma de espiral o caracol (veáse la figura) y se cuadricula. Cada cuadro será un compartimiento como en el caso del avión. El número 10 estará al centro de la espiral, representará la cabeza del caracol, y será un compartimiento circular y un poco más grande que los demás. Las reglas son semejantes a las del avión, sólo que en este caso, se debe hacer todo el recorrido brincando en un pie, esto es de *cojito*, puesto que no hay *alas* en que apoyar los dos pies simultáneamente.

Triunfa quien logra avanzar con su teja hasta la cabeza del caracol: recorrer brincando todo el caracol, recoger su teja y regresar brincando hasta la meta inicial, siguiendo las reglas descritas.

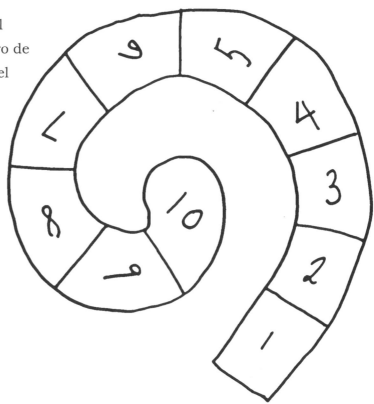

Declaro la guerra a...

Este juego requiere un espacio grande y abierto. En el centro, se pinta con un gis un círculo grande, y dentro de éste y centrado, uno pequeño en el cual se escribe la palabra *alto*.

El círculo grande se divide en tantas partes iguales como jugadores haya. Cada jugador representa un país, por ejemplo un niño es Francia, otro será Nigeria, otro México, etcétera. Se escriben los nombres de los países en los espacios del círculo grande.

Enseguida, cada niño colocará un pie en el espacio del país que representa y el otro afuera del círculo. El niño que, por sorteo, se haya elegido primero, exclamará: "Declaro la guerra a (nombre de algún país participante)".

Todos los jugadores corren excepto el del país nombrado, quien rápidamente debe gritar: "¡Alto!". En ese momento todos deben detenerse. El niño del país nombrado tratará de llegar, de tres saltos, desde su país, al lugar de algún niño que esté a su alcance. En otras palabras: tendrá derecho a dar tres saltos sucesivos, y si con ellos iguala la distancia que recorrió alguno de los otros jugadores y de esta manera lo alcanza, quien fue alcanzado será el encargado de *declarar la guerra* en la siguiente ronda. Si no alcanza a nadie, le tocará nuevamente que su país *declare la guerra*.

ALTO
GUATEM LA
NIGERIA
SUIZA
COREA
MÉXICO
CHINA
UCRANIA
MÓNACO

JUEGOS RUDOS

Coleadas

Para este juego se necesita un mínimo de nueve o diez jugadores; se sugiere o prefiere que sean niños más o menos de la misma edad y tamaño, porque es un juego un poco brusco, no conveniente para niños pequeños.

Simplemente se hace una fila de niños tomados fuertemente de la mano. Corren todos sin soltarse, pero el elegido, que puede ser el mayor, encabeza la fila.

Inesperadamente, el de adelante se frena y jala a los demás, quienes no deben dejar de correr, de tal manera que toda la fila describe una especie de *chicotazo* y, así, quienes están al final salen impulsados rápidamente y a veces caen.

El burro

De este conocido juego de saltos, describiremos algunas variantes, pero empezaremos por relatar los rasgos generales y comunes a ellas.

Siempre habrá cuando menos un niño que hará el papel de burro. Éste se colocará agachado, con los antebrazos apoyados en sus muslos, las piernas abiertas y la cabeza baja (a un nivel inferior a la espalda). Para establecer el orden de los jugadores, además de los métodos expuestos al principio, los niños suelen usar el siguiente: trazan una raya en el suelo y con los pies juntos o *de cojito* –ya sea tomando vuelo o no, según se acuerde–, saltan desde ella cuanto pueden; el que más avanza es el primero, y siguen los demás por orden de distancia. Si surgen empates, quienes empatan repiten el salto para *desempatar*.

BuRRo limpio o ayudado

Se trazan dos líneas paralelas, distantes entre sí unos tres o más metros, según la edad y pericia de los jugadores. En la primera de ellas, de perfil o de espaldas a los demás, se coloca de burro un jugador (quien obtuvo la peor marca en el salto inicial). Los demás estarán a algunos metros de distancia.

El primero en turno para jugar (no *el burro*), puesto en medio de otros dos de igual estatura, apoya las manos en los hombros de éstos y, corriendo con ellos hacia el niño que hace de burro, salta sobre él. Los que lo llevan pasan uno por cada lado del que está puesto de burro y siguen corriendo a toda velocidad y bien iguales, hasta que el

saltador haya pasado las líneas y asiente los pies. El siguiente en turno, apoyado en otros dos, salta del mismo modo y así sucesivamente, siempre tratando de librar las líneas. Si alguno de quienes saltan toca al que está puesto de burro, o pisa alguna de las líneas o el espacio entre ellas, pierde y se coloca en lugar del burro.

Si pasan todos sin perder, el que estaba de burro salta desde la primera raya con los pies juntos hacia la otra, y allí donde llegue pone una marca y se coloca para que salten sobre él otra vez. Si pasa el turno sin perder ninguno, avanza otro salto para dificultar más aún los saltos de sus compañeros, y así sucesivamente, hasta que llegue a la segunda raya; y si incluso así nadie pierde, se termina el juego y se echan nuevas suertes o se coloca el mismo niño que hizo de burro anteriormente, según lo previamente dispuesto.

Al principio, los jugadores pierden fácilmente, pero luego adquieren destreza para sostenerse bien a pulso y llegan a saltar diez y más metros sin esfuerzo alguno.

BuRRo aumentado

Se traza una línea y el designado como *burro* se coloca en ella, de perfil con respecto a los demás jugadores. Los otros van corriendo por el orden debido y salta cada uno sobre el burro, apoyando las manos en su espalda o no, según lo convenido.

Después de saltar todos, el que está como burro se acomoda unos treinta centímetros más adelante, y el turno siguiente otro tramo igual, y así sucesivamente. Un saltador pierde si pisa la raya o el espacio intermedio, o si falta a otras condiciones acordadas; entonces, se tiene que poner de burro en la raya y comienza de nuevo el juego. Cuando alguien salta, se coloca al último en la fila de los saltadores.

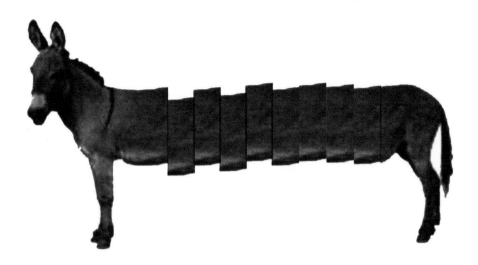

Burro corrido

Se establecen los turnos y, de acuerdo a ellos, se colocan los jugadores en fila. Se pone de burro el primero, el segundo lo brinca apoyando las manos en la espalda, y se coloca también de burro un par de metros adelante; el tercero hace lo mismo después de pasar sobre el primero y el segundo, y la fila de burros va creciendo. Así, todos los restantes se van colocando a su vez cuando no hay otro sobre quien saltar. Cuando todos han sido burros, es decir, cuando al primero lo han saltado todos, éste los brinca y se coloca adelante, lo sigue el segundo, etcétera. De esta manera van avanzando y pueden recorrer grandes distancias y entrar en calor rápidamente.

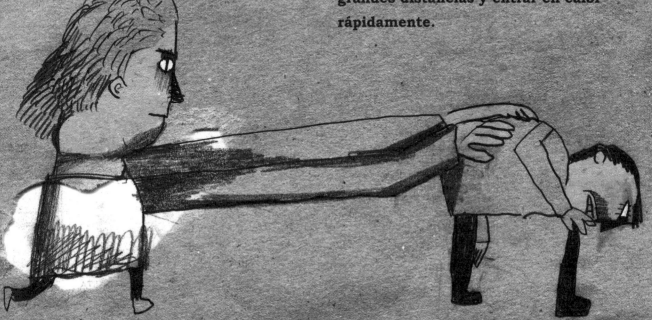

12345678
9101112
131415

BuRRo dieciséis

En este juego, el burro no cambia de sitio ni hay necesidad de líneas que limiten los saltos. En cambio los saltadores dirán frases y ejecutarán ciertas acciones. El primero, al tiempo de saltar, grita: "Uno, por mulo", propinándole una pequeña nalgada al burro y, después, cada uno de los siguientes jugadores lo imitan.

En el salto número dos, quien lleva la delantera exclama: "Dos, patada y coz", y antes de saltar, le da un suave puntapié y, ya en el aire, le aplica otro con el talón, moviendo hacia atrás el pie. Igualmente, los demás lo imitan.

Así, todos deben copiar al primero en frase y acción y, naturalmente, quien no repita adecuadamente frase y acto ocupará el lugar del burro.

Las frases y acciones que siguen son: *Tres, hilito de san Andrés*. Todos deben saltar muy seguido uno de otro, sin hacer pausas.

Cuatro, jamón te saco. Yendo en el aire, durante el salto, se hace la mímica de sacarle al burro una rebanada de jamón.

Cinco, desde aquí te brinco. Todos deben saltar desde donde lo hizo el primero (sitio en que se pone una marca).

Seis, otra vez. Se repite la acción del cinco.

Siete, te pongo el bonete. Cada brincador, al apoyarse en la espalda del burro, deja un pañuelo, una cinta o cualquier objeto pequeño que pueda quedarse en la espalda del burro. Si el objeto se cae, o cae el de otro competidor, el brincador pierde y se pone como burro.

Ocho, te lo remocho. Cada uno, al saltar, va retirando la prenda que dejó. Si tira o toma otra, pierde.

Nueve, copita de nieve. Cada uno, antes de saltar, le da una pequeña nalgada.

Diez, elevado es. El burro se pone más más alto, menos agachado.

Once, caballito de bronce. Al caer realizan media vuelta y saltan en sentido inverso, dando una coz con el talón.

Doce, la vieja tose. Se le propina un golpecito en la espalda.

Trece, el rabo te crece. Se le da un pequeño pellizco.

Catorce, la vieja cose. Antes de saltar, se hace la mímica de coser en la espalda del burro.

Quince, el diablo te trinche. Se brinca al burro apoyándose en los dedos estirados.

Dieciséis, prepárense a correr. Al decir esta última frase, van formando un círculo alrededor del burro, y al saltar el último corren todos a tocar una meta designada, de antemano, a bastante distancia. El que estaba puesto como burro cuenta en voz alta: "Uno, dos, tres", y corre tras ellos; si logra tocar a alguno antes de que llegue a la meta, éste se pone de burro la siguiente vez; y si no, se coloca el mismo o se echan nuevas suertes.

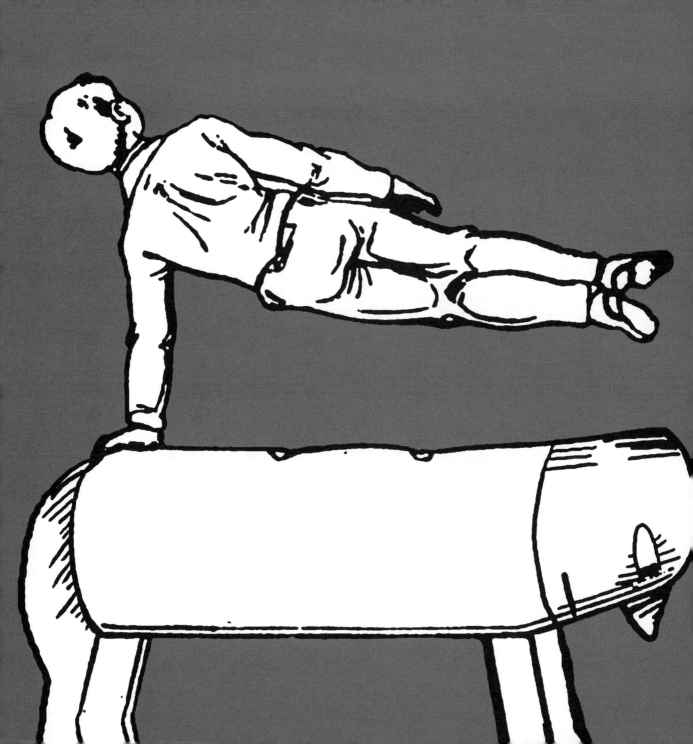

Tamaladas

Se forman dos equipos de igual número de jugadores cada uno y se sortea para decidir cuál de éstos se *fletará*, esto es, cuál se pondrá de burro *tamaleado*. Cada equipo debe integrarse por un número de ocho o hasta diez jugadores.

La manera de *ponerse de burro*, en este caso, es componiendo una fila como sigue: un jugador se sitúa un poco agachado, abrazado a un árbol o un poste; otro de su equipo se coloca tras él, con la cabeza entre sus piernas y abrazando éstas; un nuevo jugador, del mismo equipo, se pone con la cabeza entre las piernas del último, en la misma forma que el

anterior y así, todos los demás del equipo se van formando hasta lograr una fila o cadena compacta, fuertemente unidos unos a otros. Los del otro equipo van saltando uno por uno de manera que quedan montados en la fila de los *fletados*.

Para saltar, cada jugador tomará impulso corriendo desde un punto situado atrás del último fletado. Debe brincar a todos, apoyándose en la espalda de uno de ellos si así se convino.

Los primeros que saltan deben procurar que su salto sea muy largo, es decir, que avancen lo más cerca posible del primero de los colocados de burro (los fletados), para que los compañeros que le siguen quepan en la *montura* humana. Cada jugador que salta debe permanecer en el lugar al que llegó. Los de abajo se moverán tratando de hacer caer a los jinetes. Si alguno de éstos toca suelo, aunque sea con un pie, hará perder a su equipo, por lo que serán ellos quienes se fleten, y los anteriores burros pasarán a ser jinetes, en la forma explicada. Pero si todos los del equipo que salta logran mantenerse montados y contar en voz alta del uno al tres, triunfarán y los burros tendrán que volver a fletarse.

Éste es un juego rudo y conviene que los jugadores sean más o menos de la misma edad y complexión.

caballazos

Este juego es simplemente una competencia, una lid, una pelea entre dos parejas. En cada pareja hay un *caballo* y un *jinete*, es decir, uno se monta en la espalda de su compañero; los integrantes de la otra hacen lo propio. Entonces, empieza entre ellos una lucha en la que el jinete de una pareja trata de tirar al jinete de la pareja contrincante, para hacerlo caer al suelo. La pareja que logra que el jinete contrario toque suelo gana.

Se puede jugar también en las albercas.

A cada pareja le conviene elegir como *caballo* a un muchacho fuerte y el *jinete* puede ser un muchacho más pequeño, menos pesado, pero ágil y fuerte para, así, integrar las fuerzas y que la pareja tenga más poderío.

cebollitas

Se elige por sorteo quién será el *jalador*. Los demás niños se sientan en el suelo con las piernas abiertas; en el hueco de las piernas de uno se sienta el siguiente y así sucesivamente, como formando una cadena. Cada niño de la cadena abraza al de adelante, sujetándolo por el torso. El niño a quien le tocó ser *jalador* debe mantenerse de pie e intentar arrancar al primer niño de la cadena, tomándolo de las manos y jalando; quienes forman la cadena tratarán de evitar que se lo lleven. Si el jalador logra llevárselo, el que sale de la cadena pasará a ser el jalador, y el que lo era ocupará el último lugar en la cadena.

JUEGOS CON OBJETOS COMUNES Y ACCESIBLES

escondidillas

En términos generales, en este juego, como en otros de esconderse, hay un niño *buscador* y los demás se esconden y son *buscados.* Un niño será quien debe encontrar a los que se escondan, y habrá ganado si lo logra.

En el juego de las escondidillas se necesita un bote de hojalata –que puede ser de leche o cualquier otro–, para hacerlo sonar pegando en el piso cuando se encuentre a alguno de los escondidos. Este bote deberá permanecer en un solo lugar, que es la base del buscador y es el sitio de donde parten todos los niños antes de esconderse.

Para encontrarlos, el seleccionado contará hasta el número treinta (o el que se designe), con los ojos cerrados y, de preferencia, el rostro frente a una barda o a un árbol y las manos a los lados de la cara; mientras los demás se esconden.

Al terminar de contar debe buscarlos y al hallar a alguien, por ejemplo a Juan, quien se escondió detrás de unas macetas, gritará: "¡Un, dos, tres, por Juan que está atrás de las macetas!", después, quizá diga: "¡Un, dos, tres, por Pedro que está atrás del segundo eucalipto!", y así sucesivamente, hasta localizar a todos los jugadores.

Al descubrir a todos, quien fue encontrado primero tomará el lugar del niño que estaba buscando a los escondidos, y se repetirá la secuencia.

Alguno de los escondidos puede salvara sus compañeros si antes de ser hallado logra llegar al bote. En tal caso, lo toma y lo golpea contra el suelo, mientras grita: "¡Un, dos, tres, por mí y por todos mis compañeros!"

Entonces, los *encontrados* vuelven a esconderse mientras el buscador debe volver a contar hasta treinta y empezar nuevamente la búsqueda.

Bote pateado

Se juega básicamente de igual manera que el anterior, pero en vez de que el buscador tenga que contar hasta treinta, otro jugador que se elija pateará el bote y el buscador deberá ir por él, caminando y sin voltear, regresar y hacerlo sonar varias veces en la *base*.

Si quien busca ha encontrado a varios jugadores, pero otro niño de los aún escondidos logra llegar antes que el buscador al bote y patearlo, nuevamente el buscador tendrá que ir por el bote como al principio, mientras los *encontrados* vuelven a esconderse.

la gallina ciega

Este juego gusta tanto a niños como a niñas y existen distintas maneras de jugarlo. Describiremos enseguida algunas variantes.

La forma más común y a la vez sencilla es ésta: con un pañuelo, paliacate o tela similar, se cubren los ojos de quien fue designado por la suerte y puesto en el centro del sitio donde se jugará, los demás comienzan a tocarlo en la espalda con algo que no duela.

Anteriormente, se llamaban *zurriagos* a unos rollos que se hacían de trapos o a un cinturón que se le cubría con trapo para que sus golpes no lastimaran. Se le pega en la espalda con estos artefactos que no producen ningún daño ni dolor.

El *ciego* corre tras ellos y, si logra atrapar a alguno, según las condiciones establecidas, o bien tocarlo según se haya determinado, se libra de la venda y el preso lo sustituye en el cargo de *gallina ciega*. Se puede agregar que también en vez de pegarle, podrían hacerle cosquillas, molestarlo de alguna manera, o simplemente tocarlo.

la gallina muda

Se juega en todo de igual forma a *la gallina ciega*, pero cuando el niño vendado tarda demasiado en apresar a alguien, si lo desea, puede gritar: "¡Alto, pi!", o lo que acostumbren en cada región, o simplemente: "¡Alto!" Desde ese momento, los demás ya no pueden tocarle ni proferir una sola palabra; no pueden siquiera moverse del sitio donde se hallan, so pena de perder y que sean los ciegos que sustituyen al otro niño. El *ciego*, por llamarle así, tampoco puede moverse de su puesto, pero extiende los brazos en todas direcciones, se estira cuanto puede, y aun se le permite adelantar un pie, con tal de que el otro no lo mueva del sitio donde estaba. Si consigue de este modo tocar a alguno y acierta a saber quién es, entonces se quita la venda y el otro pasa a ser *gallina ciega*. Pero si no logra identificar a quien tocó, los demás le imponen algún castigo y comienza de nuevo el juego.

Para evitar caer presos, los jugadores también pueden agacharse, moverse sobre un pie, etcétera. Si la gallina ciega los toca, deben entregarse sin resistencia alguna, pero previamente pueden cambiar con algún compañero la gorra, ponerse al cuello el pañuelo y valerse de otros medios semejantes para confundir a la gallina ciega y no ser reconocidos. Los demás pueden también ayudar a fingir, con tal de guardar *completo silencio*, para que el ciego no acierte, por exclusión, a saber quién es el prisionero.

el cinturón escondido

Resulta mejor este juego en el campo o algún otro sitio espacioso en donde haya más facilidad para esconder el cinturón o cualquier prenda similar que se escoja. Al extremo del sitio convenido se fija la barrera, que es el lugar en que podrán refugiarse los jugadores.

Los niños se reúnen en la barrera, volteados de espaldas al campo de juego. Otro vigila desde afuera para que no giren la cabeza, y si alguno la vuelve, grita: "¡Contra fulano!" El nombrado, como castigo a su falta, debe correr hasta el extremo opuesto, tocar un objeto convenido y volver a la barrera, perseguido por todos los demás quienes, en el trayecto, le pueden infligir el castigo que hayan acordado.

Mientras están volteados, otro jugador esconde el cinto u objeto convenido de antemano y, separándose del sitio donde lo guardó, exclama: "¡Ya está!" Al oírlo, se lanzan todos a buscar el objeto; el niño que lo ocultó acecha sus pesquisas y si no se acercan a él, grita: "¡Frío, frío!" Si, por lo contrario, se aproximan al objeto, dice: "¡Caliente, caliente!" Si algún niño está muy cerca de la pieza escondida, exclama: "¡Se quema, se quema!" Y si, por fin, alguno está a punto de encontrarlo, grita: "¡Fuego, fuego!"

El que lo halló la emprende a cinturonazos con los demás, hasta que se refugien en la barrera; después va a esconder de nuevo el objeto, de la manera descrita y quien lo escondió antes hace ahora de vigía.

Comúnmente, el cinturón se
esconde enrollado para que
se coloque con facilidad bajo una
piedra, entre las ramas de un
arbusto o en otro sitio adecuado.

Se puede convenir de
antemano que sólo vale dar los
cinturonazos de la cintura para abajo
para no hacer daño y se puede escoger,
en vez de cinturón, alguna otra
prenda que cause
menos dolor.

Quemados

Éste es un juego de pelota.
Básicamente se trata de que alguien,
quien tiene la pelota, la aviente,
pegándole a otro, que es entonces el
quemado. De este juego existen
algunas variantes, de las que
presentamos tres: el sencillo, el de dos
bandos y el de los hoyos.

Quemados sencillos

Para este juego, bastan diez o quince jugadores esparcidos por el sitio. Un jugador, designado por suerte, es el atacante. Éste coge la pelota y, a la voz de "¡Fuego!", la avienta, tratando de atinarle a otro jugador. Si no lo consigue, corre tras la pelota para tomarla de nuevo y atacar a otro niño; si da en el blanco, queda libre y el *quemado* lo sustituye en el papel de atacante.

Antes de que el atacante logre coger la pelota, los demás pueden dar a ésta puntapiés, hecho que da al juego mucho dinamismo.

Quemados de dos bandos

El grupo se divide en dos equipos, que pueden ser cinco contra cinco, seis contra seis, o los que acuerden. Se elige por sorteo al equipo que ha de empezar a atacar y éste dispondrá de la pelota. Los jugadores se esparcen convenientemente por el campo y, dada la señal, quien lleva la pelota trata de *quemar* a alguien del equipo contrario, arrojándole la pelota y atinándole. Si no quema a nadie, sus compañeros la recogen para atacar de nuevo. Los atacantes pueden combinar echándosela unos a otros, y así facilitar el ataque; hasta que consigan quemar a alguno. Los adversarios corren de aquí para allá huyendo de la pelota; pero en cuanto alguno es quemado, la recogen ellos y atacan a los otros siguiendo las mismas reglas apuntadas. A quienes huyen les es permitido alejar de un puntapié la pelota, cuando se les presente la ocasión

los hoyos

Dentro de una circunferencia trazada en el suelo, se hacen varios hoyos, uno para cada jugador, lo suficientemente grandes para poder retener la pelota con que jugarán. Debe quedar muy claramente establecido qué hoyo corresponde a cada jugador. Los hoyos suelen construirse siguiendo líneas paralelas de manera que queden equidistantes. Si no hay forma de hacer los hoyos, los jugadores pueden usar gorras colocadas en el suelo boca arriba. Por sorteo se designa el orden de los jugadores. El primero, desde una meta distante varios metros, tira la pelota rodando hacia los hoyos. Si no la mete, tiene derecho a volver a tirar, hasta completar tres tiradas, y si no lo consigue, se avienta una piedrita en su hoyo y le toca tirar al siguiente, y después a los demás, en las mismas circunstancias. Al hecho de colocar la piedrita a un hoyo, en señal de castigo, se le nombra *echarle piquín*. En alguna variante de este juego, cada uno tira solamente una vez, pero no se le echa piquín si no le atina.

Cuando la pelota se queda en un hoyo, su dueño la toma inmediatamente y grita: "¡Alto, pi!" (o cualquier otra consigna). Enseguida ataca a los demás, tirando desde la circunferencia y si yerra el golpe, se le echa piquín, y prosigue tirando a los hoyos el que sigue en el orden establecido. Si quema a alguno, el quemado coge la pelota y grita también: "¡Pi!", y ataca a otro del modo descrito, pero desde el sitio donde tomó la pelota.

Los demás niños, al ver que la pelota entra en un hoyo, corren por el campo; al oír el grito, se detienen instantáneamente

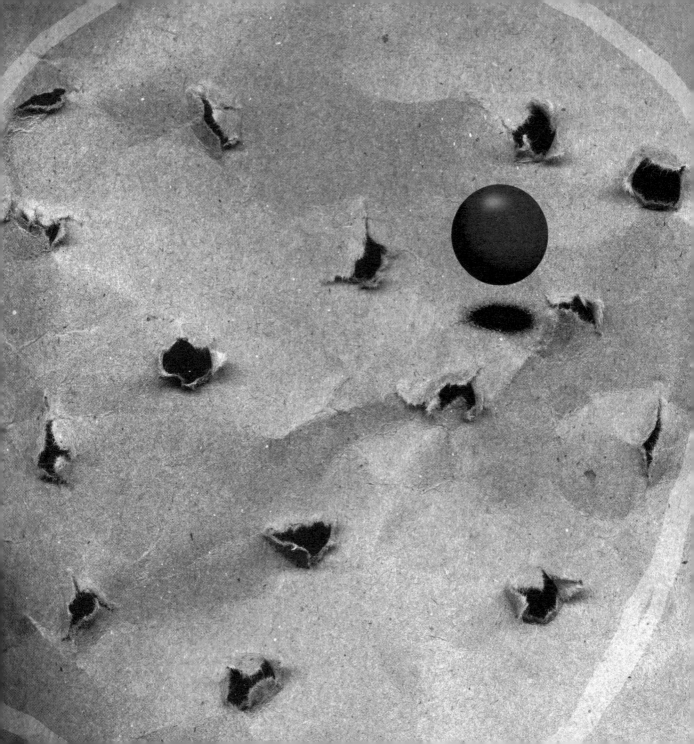

donde estén y si no, el que tiene la pelota les exige volver hasta aquel punto, so pena de echarles piquin. En cuanto queman a uno, corren de nuevo, huyendo de la pelota, y así continúa el juego hasta que alguno yerre y se inicia la tirada de pelota desde la meta hacia los hoyos. Se puede determinar que se libra del ataque quien consiga refugiarse en la circunferencia que contiene los hoyos.

Al ser atacados, pueden esquivar el golpe girando sobre un pie: si agarran la pelota, se les considera quemados.

A veces, quien debe atacar tarda mucho en hacerlo, por temor a errar el golpe, y prolonga así demasiado el juego. Para evitarlo, se le avisa tres veces con algún intervalo de tiempo y si no ataca, se le castiga echándole piquin.

El juego termina *fusilando* al primero que tenga cinco piquines, o la cantidad convenida. Para ejecutar esta pena, el sentenciado debe tirar la pelota contra la barda en que ha de ser fusilado, lo más fuertemente posible para que, de rebote, llegue

lejos; pues desde donde la pelota pare, los demás le han de tirar dos o tres pelotazos cada uno.

También se puede acordar que, parado en un pie, aviente la pelota lo más lejos que pueda para fijar la distancia de fusilamiento. El que perdió puede colocarse de varios modos: primero, en la pared, de espaldas a los otros, y agachado para que no le den en la cabeza; segundo, de frente, y se le permite atrapar la pelota, con tal que no mueva los pies. Si la agarra, se libra del ejecutor en turno.

En una variación de este juego, no se grita: "¡Alto, pi!", sino que, en vez de esto, todos los que huyen de la pelota deben llegar hasta una meta más o menos lejana que puede ser una barda, un árbol o una línea trazada que funciona como *base*, en donde momentáneamente están a salvo, pero deben retornar a la meta de tiro. En el trayecto, pueden ser quemados. El que ataca puede correr, perseguir a los demás y tirar desde donde lo crea conveniente. Por lo demás, se siguen reglas similares a las descritas.

Rayuela

Se trata de un juego de habilidad en el
que los jugadores, desde una meta,
tiran, cada uno, con una moneda,
tratando de quedar lo más cerca
posible de una línea marcada en el
suelo, o bien de una pared. Todos
deben participar con monedas de la
misma denominación.

Quien quedó más cerca de la raya o
encima de ésta tendrá derecho a tirar
al aire todas las monedas y elegir:
águila o sol. Las monedas que, ya en el
suelo, coincidan con la elección de
quien las tiró serán de él.

El jugador que quedó en segundo
lugar tomará las monedas restantes,
las arrojará al aire y elegirá de la
manera señalada, y así
sucesivamente hasta que se agoten
las monedas.

volados

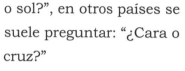

El muy conocido *volado*, consiste en que alguien arroja una moneda al aire y el otro trata de atinar qué cara de ésta quedará hacia arriba, una vez que cae. Es una forma universalmente conocida para dejar al azar la decisión de escoger. En nuestro país se dice: "¿Águila o sol?", en otros países se suele preguntar: "¿Cara o cruz?"

Con un volado se decide, por ejemplo, a qué equipo de fútbol le corresponde el saque inicial, o en el caso de las tamaladas, a qué equipo le toca fletarse al iniciar el juego.

Matatena

Se juega con semillas o, como dicen los niños, con *huesitos de chabacano*. Éstos se pueden pintar de diversos colores para hacerlos más vistosos. Se puede jugar en una mesa, pero es más común hacerlo en el piso.

Para empezar el juego, cada jugador pondrá en la mesa o en el suelo la misma cantidad de huesitos. Por ejemplo, cada jugador puede colocar cuatro u otra cantidad acordada. Se sortean los turnos para jugar: primero, segundo, etcétera.

El primero en probar suerte toma, con una mano, todos los huesitos de todos los jugadores, los avienta al aire, voltea la mano y trata de que la mayor cantidad de ellos quede en el dorso de su mano.

Después, con el dorso, vuelve a aventarlos hacia arriba para cacharlos en la palma de la mano. Los que logre atrapar ya son suyos. Acto seguido, toma uno de los huesitos que ya ganó, y lo arroja al aire. Mientras el huesito va por el aire, antes de agarrarlo y con la misma mano, el jugador toma todos los huesitos que puede del suelo y atrapa rápidamente el que aventó. Si logra realizarlo, los huesitos que levantó ya son de su propiedad y puede repetir esta operación mientras la lleve a cabo con éxito; de esta manera, puede ir ganando más y más huesitos. Si se le cae el huesito arrojado al aire, perderá su turno y le tocará probar suerte al siguiente jugador. Cuando se acaban los huesitos en juego, cada jugador deberá colocar nuevamente la cantidad acordada, y le tocará jugar a quien siga, según el sorteo inicial.

Obviamente, al término del juego, habrá jugadores que ganaron huesitos y otros que perdieron.

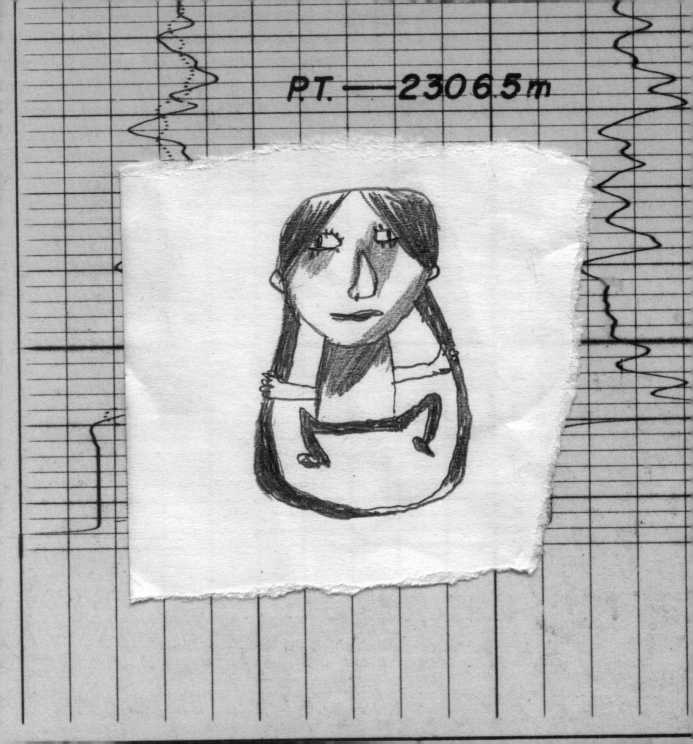

P.T. —2306.5m

Saltar la reata

Aunque lo juegan más frecuentemente las niñas, puede ser jugado también por niños.

Como las cuerdas son instrumentos fáciles de conseguir y los juegos que se hacen con ellas no exigen mucho tiempo para ser organizados y son de mucho ejercicio, son diversiones muy aceptadas. Todos los niños saben muy bien cómo se salta reata, pero aun así queremos señalar algunas formas o variantes de esta actividad.

individual

Quien juega salta sin avanzar, alternando los pies, echando unas veces primero el derecho y otras el izquierdo; después, sobre un solo pie sin asentar el otro, cambiándolos cuando se canse; por último, sobre los dos pies al mismo tiempo. También puede ejecutarse todo lo anterior, pero avanzando.

Se puede hacer la suerte de cruzar el cable al saltar. A esta suerte se le llama *cruce*. Al pasar la cuerda por abajo de los pies se cruzan los brazos y la cuerda toma un movimiento ondulatorio muy elegante. Otra suerte que se hace al brincar individualmente consiste en pasar dos veces la cuerda por debajo de los pies en un solo salto. Se consigue esto imprimiendo rápida velocidad a la cuerda y saltando alto.

cuerda para dos

Con una cuerda un poco más grande que la usada en los ejercicios individuales, pueden saltar dos niños a la vez, de las siguientes formas:

1. Un solo jugador comienza alguno de los ejercicios anteriores, y enseguida, delante o atrás de él, entra otro jugador a ese espacio, saltando a la par, en la misma cuerda.

2. Se colocan dos niños, uno al lado del otro. Cada uno toma la cuerda con la mano que le queda hacia afuera (con la derecha el que está a la derecha y con la izquierda el otro) y, primero, saltan juntos; después, uno de ellos cambia de mano para que salte a quien le toque quedar al centro de la cuerda, alternándose cada vez. Puede jugarse en un sitio fijo, o bien, ir avanzando.

3. Puestos del mismo modo, saltan los dos a la par.

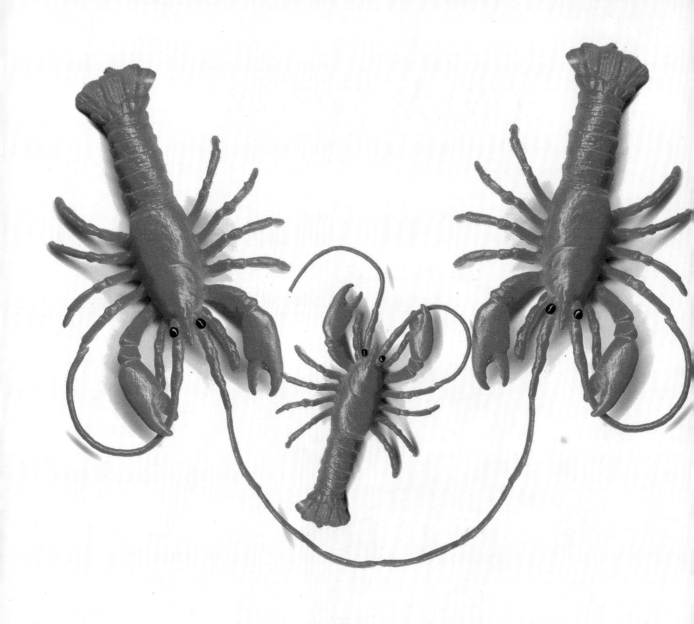

cuerda larga o de tres

Se necesita una cuerda más larga que las anteriores y la echan entre dos, cogiéndola uno por cada extremo y haciéndola girar armónicamente.

Aprovechando el momento oportuno, que suele ser inmediatamente después de que la cuerda toque el suelo, entra el tercero a saltar, y puede hacer los ejercicios que se describieron anteriormente. Quien salta puede pedir que se la *echen* más lento, más rápido o incluso rapidísimo, movimiento que se llama *mole*. Si quien brinca no señala ningún cambio, los que echan la reata pueden imponer el ritmo, aumentándolo paulatinamente hasta hacerlo perder.

Si son muchos niños, pueden hacer fila e ir saltando por turnos.

Es conveniente adquirir destreza para entrar a saltar y para salir. Esto se consigue siguiendo bien el ritmo de las vueltas de la cuerda.

chile, mole, pozole

Los niños que mueven la reata, de pronto dirán: "¡Chile, mole, pozole!" y aumentarán bruscamente el ritmo. El que está brincando saldrá del juego al perder, es decir, en el momento que se le atore la cuerda entre las piernas.

A quienes vayan perdiendo, les toca *echar* la reata. Y, de esta manera, los que estaban echándola puedan brincarla de acuerdo al turno que les toque. Por lo general, quienes van a saltar forman una fila para ir pasando en orden.

villita, Remedios, catedral

Quienes echan la reata deben hacerlo con un ritmo que no sea ni lento ni rápido. La niña (o el niño) brincará y los que echan la reata dirán: "Rosa, azul o blanco; rosa azul o blanco…" Si quien brinca pierde en *rosa* significa que se va a casar de rosa, si es un niño el que esta saltando la cuerda, su novia se casaría con él vestida del color en que él pierda.

Si el mismo niño vuelve a saltar la cuerda, los que la *echan* exclamarán: "Villita, remedios, catedral; villita, remedios, catedral…", es decir si pierde en *villita*, se casará en ese templo.

En caso de que el mismo jugador siga jugando, recitarán: "Primavera, verano, otoño e invierno…" y se supone que el jugador se casará en la estación que pierda.

Podemos concluir, por ejemplo, que María se va a casar en invierno, en la catedral, vestida de rosa.

Resorte o elástico

Aunque este juego se conoce más comúnmente como *resorte*, es más correcto llamarlo *elástico*. Se necesitan al menos tres jugadores y un pedazo de elástico delgado, como de un centímetro de ancho, y unos cuatro metros de largo.

Se amarran los extremos, formando una especie de rosca. Una vez hecho esto, dos de los jugadores se ponen dentro del círculo del elástico, lo ajustan a la altura de los tobillos y se separan hasta tensarlo, quedando frente a frente. El elástico queda levantado del suelo unos diez centímetros, formando un rectángulo; los lados más largos son los que sirven para el juego. El tercer jugador salta dentro del rectángulo y empieza a realizar una rutina que involucra brincos cada vez más complicados sobre el elástico, dando vueltas, pisándolo, etcétera. Generalmente, durante las rutinas, cantan los jugadores que sostienen el elástico. Es muy importante mantener el ritmo, pues si quien está saltando se atrasa o se equivoca en la rutina debe ceder su sitio y tomar lugar sosteniendo el elástico. Para aumentar el grado de dificultad, el resorte se puede ir cambiando de altura: después de los tobillos, se puede poner en las pantorrillas, en las rodillas, en el muslo, en la cadera, en la cintura, en el torso y hasta en los brazos.

Actualmente es más popular entre las niñas, aun cuando puede jugarse por igual entre niños y niñas.

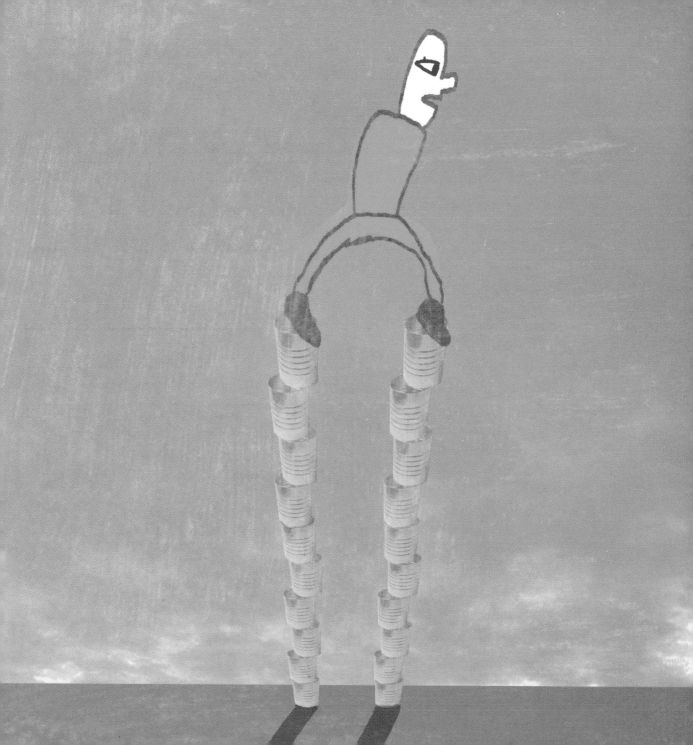

Zancos de botes

Se requieren dos botes un poco grandes, que pueden ser de leche para bebés. A cada bote, en la parte circular, se le hacen dos hoyos –uno a cada lado–, para introducir en ellos un cordón fuerte y resistente (más o menos de cuarenta o cincuenta centímetros, esto depende de la estatura de quien va a jugar). Se ata cada cordón por sus extremos. Los niños se paran sobre los botes y jalan los cordones. De esta manera los botes permanecen unidos a los pies de los niños, quienes pueden caminar con ellos debajo.

carreras de costales

Los niños que vayan a participar en la carrera meterán ambas piernas en un costal (es decir, el costal los cubrirá hasta la cintura) y agarrarán su costal por el borde.

A la voz de "¡Fuera!", saldrán de la meta inicial, llegarán saltando hasta la marca convenida y regresarán lo más rápidamente posible.

Unos jueces marcarán la hora de salida y determinarán quién logró llegar primero a la meta, convirtiéndose éste en el ganador.

Sillas, se interrumpe la música

Para jugarlo, la cantidad puede variar desde seis hasta veinte niños o más.

Las sillas se dispondrán en hilera de la siguiente forma: una silla mirará hacia un lado y la que le sigue, hacia el lado contrario, y así sucesivamente. En el sitio donde se lleve a cabo el juego, deberá ser posible tocar música y detenerla cuando se desee.

Antes de iniciar el juego será necesario constatar que el número de sillas sea, por una unidad, menor que el de los concursantes (si son diez niños, deberá

haber nueve sillas). Se inicia la música y los jugadores girarán alrededor de las sillas hasta que el encargado pare la música. En ese momento, cada niño procurará sentarse. Quien se haya quedado sin silla saldrá del juego. Se quitará una silla más y se repetirá la rutina hasta que sólo quede un niño, que será el ganador.

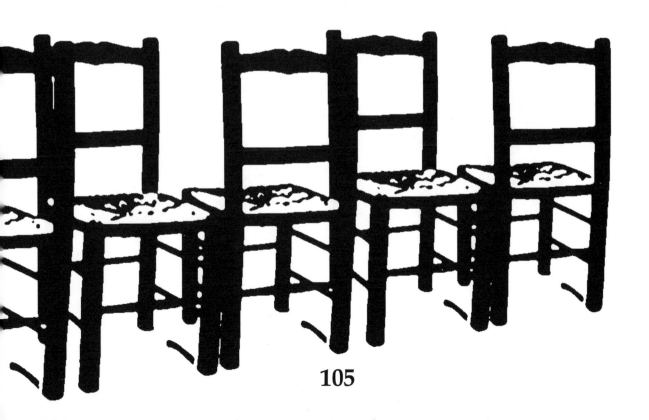

acitrón

Este juego se desarrolla sobre una mesa. Para jugarlo pueden usarse piedras planas, pequeñas maderas u otros objetos que produzcan ruido. Pueden jugar de cuatro a diez jugadores.

Cada jugador tendrá su piedra y la pasará de su lugar al del jugador de su derecha, al ritmo de la canción que dice:

Acitrón de un fandango
sango, sango, zabaré,
zabaré de zarandela,
con su triqui triqui, tran.

Al cantar *triqui*, la piedra no se suelta; en el segundo *triqui*, se regresa la piedra en movimiento hacia la izquierda (es decir al mismo sitio del jugador que la trae consigo), y al decir *tran*, entonces sí se pasa la piedra al siguiente jugador.

Después se repiten canción y ejercicio, pero pasando el objeto al de la izquierda, esto es, cambiando el sentido.

Si algún jugador se equivoca en cualquiera de las reglas señaladas, se detendrá el juego; quien se equivocó dará una prenda, y sólo entonces el juego reiniciará. Al final, los que dieron prenda se harán acreedores a un castigo que se convenga, por cada prenda entregada.

JUEGUERO

terminó de imprimirse en 2015
en los talleres de Editorial Impresora Apolo, S. A. de C. V.
Centeno 150-6, colonia Granjas Esmeralda,
delegación Iztapalapa, 09810, México, D. F.
Para su formación se utilizó la fuente
Bookman Old Style.

JUEGuERO

Jueguero

Valentín Rincón

Cuca Serratos

Primera edición: Producciones Sin Sentido Común, 2015

D. R. © 2015, Producciones Sin Sentido Común, S. A. de C. V.
Avenida Revolución 1181, piso 7,
colonia Merced Gómez,
03930, México, D. F.

Texto © Valentín Rincón y Cuca Serratos, 2015

Ilustraciones © Alejandro Magallanes, 2015

ISBN: 978-607-8237-73-9

Impreso en México